강 갈 녀

애지시선 098

누구도 시키지 않은 일

2021년 5월 20일 초판 1쇄 발행

지은이 김길녀
펴낸이 윤영진
기획편집 함순례
홍보 한천규
펴낸곳 도서출판 애지
등록 제 2005-000005호
주소 34570 대전광역시 동구 대전천북로 12
전화 042 637 9942
팩스 042 635 9941
전자우편 ejiweb@hanmail.net

ISBN 978-89-92219-99-0 03810

누구도 시키지 않은 일

애지시선 098

누구도 시키지 않은 일

김길녀 시집

시인의 말

남루하지 않아서 더 슬픈 누군가의
생애를 들여다보는 한낮
게으른 한 생이 더 느리게 흐른다

2021년 봄
김길녀

■ 차례

제2부

제3부

제4부

〈일러두기〉

*본문에서 〉는 '단락 공백 표시'로 한 연이 새로 시작된다는 표시이다.

제1부

반성

내 아픔이 치유되자 그의 아픔이 보이기 시작한다

오후의 사과나무
— 봄

남루하지 않아서 더 슬픈 누군가의
생애를 들여다보는 한낮
게으른 한 생이 더 느리게 흐른다

눈곱쟁이 창문에 긴 목 내민 사과꽃
가지마다 못다 부친 이국 안부
꽃잎에 몽글몽글 써내려가는 중이다

멋대로 정원 연못 안 스며든
노을보다 애잔했던 그들의 사랑
높은 천장 서까래에 깊이 스미어
나무의 긴 생애를 탁본하느라 손끝이 아리다

박물관에서 만난 여자

풀잎여자를 만나고 온 우기의 저녁
가죽 표지 일기장 안으로 박물관 뒤뜰
낮게 울리던 종소리에 묻어온 문장들

유리벽 안에서 먼 시절 풍경
다듬는 검은 손을 가진 남자
손길 너머 그때의 천둥과 바람 잠시 다녀간 후
타로카드처럼 펼쳐지던 기록하지 않은 페이지

그 시대 풀밭 완벽한 타인과 울지 않는 아이들
그 시대 함박눈 우편배달부가 건네던 엽서
그 시대 바위에 새겨진 이름과 동굴 천장 무덤
그 시대 하늘 체스판 위로 떨어지는 마른 꽃잎들
그 시대 달과 해 흑마술에 살거나 죽어간 사람들
그 시대 나무 울타리 안 사상가의 눈빛으로 전하는 안부
그 시대 총소리와 눈물 그리고 연애와 웃음소리

마지막 목련제

철거 중인 아랫마을
사람과 사물들 모두
사라지고 홀로 남은 목련나무

지붕과 담장과 노래도 없이
침묵을 견디고
쓸쓸함을 이기며
간신히 남아 있는 꽃송이들
축제의 기꺼운 발자국 기다리는 일로
나날을 보내고 있다

서너 번 마주친 집 주인 얼굴이
흐릿하게 떠오르는 열려진 대문

나무의 마지막은 어느 집
뜨락일지 매우 궁금한 산책자
〉

이별식 앞둔 목련 아래서
처음, 홀로 올리는 붉은 술 한잔

지금껏,
버리지 못한 엄마의 보물상자
열어보는 내 그림자 얼핏
나무 그늘을 다녀간다

성채

중국 산성
우타이산 가는 길

75세 노스님
세 달째 오체투지로
순례중이시다

세상과 가장 가까이
몸 닿으니 그 얼굴에
햇살 가득하다

노승의 온몸이 하늘로
하늘로 길을 내고 있다

누구도 시키지 않은 일

서서히 죽어가는 누군가의 일기처럼
일요일은 언제나 느리게 온다

가을비는 시월과 십일월 사이에서
흩어짐과 멈춤을 반복한다
태풍으로 줄기만 남은 사과나무
무슨 이유로 이파리가 돋고 꽃이 피어
잊힌 이름과 얼굴을 데리고 오는가

피아노 소리만으로 깊은 잠에
들고 깨어나는 날이 길다

정신과 육체가 텅텅 비워진 침묵 안에서
불안하지 않다는 것에 놀라움도 잠깐

시에 대한 생각이 조금도 없는 날
한 달이 넘어 계절까지 바뀌었다

우요일의 골짜기

목 긴 장화와 방수 장갑
호미와 전지가위
그리고 판초 한 벌

빗방울과 초록의 노동요
함께 부르고 싶은 당신

폭설

더는 가릴 수 없는
무덤 천지

더는 버릴 것도 없는
삶의 무게

비로소 고요하다

지금,

비우고 비워서 속까지 훤히 드러낸
겨울 숲 나무들처럼
몹시 좋아하는 우울과 적막과 슬픔마저도 찰나의
행간 없이 벙글 벙글 벙글
맘껏 부풀어 오르시라
다만,
식물로 태어나 나무로 살아가는
오래된 생애처럼
아픔을 감춘 채 다가오고 있는 공포만은
느릿느릿 머뭇머뭇 주저하고
망설이며 둘러보고 헤매다가
온전히,
길을 잃어 주시면 좋으리라

지금은,
누군가 지독하게 아프다는 편지를 받고
긴 겨울 안에서 함박눈처럼 쏟아지는

신의 영혼을 가득 품은 연두와 함께
절박한 기도가 담긴 초록 오로라를
기다리며 실어증에 잠겨 있습니다

더러는,

다가오지 않은 내일에 대한 두려움과 기대감
조금

줄장미 안간힘으로 기어오르던 국세청 담벼락에서 서서히 죽어가는
일몰의 한때

쟈스민 꽃잎에 묻은 과자부스러기에 줄지어 나타난
흰개미 행렬

큰길 옆 분수대 우뚝 솟은 꼬리 달린 거인 남자 조각상으로 쏟아지는
한낮의 스콜

모래 조각 즐비한 골짜기 찾아가다 만난 소금호수
반짝이던 시간을 주머니에 넣기도 하는,
〉

자바섬 어귀에서 아픈 몸 먼저 다녀간
라다나무 꽃잎에 피어 있는
친절함과 마주한 오후가 있는 화요일

여행자의 일기

잠시, 두꺼운 슬픔 빌려 와 조심스럽게 키우던 나날이 있었습니다

쓸모없어진 몽당연필처럼 해체되고 고립되어 찢긴 혁명의 깃발로 나부끼는 회한의 한철이 있었습니다 스나얀 공원 늙은 벙글나무 몸통 버짐 가득 핀 검은 숲의 나날이 마흔 언저리에 있었더랍니다 절박함 없이 신에게 바치는 기도가 길고 지루한 장마 같은 날들이 곁에 머문 적 있었습니다 쉽사리 소멸할 수 없는 지독한 아픔이 하루 중 가장 슬픈 시간 속 저물녘같이 무섭도록 쓸쓸하게 다가왔던 그때가 있었습니다 바자우족과 함께 바다만 떠돌다가 죽어 바융도 덮지 않고 마뭇도 치르지 않은 채 시상팡 섬 모래 속에 묻히고 싶었던 간절함도 있었습니다 생을 풀어내는 방식이 아직도 어눌한 이차방정식 문제 같은 순간들이 멀지 않은 시절에 있었답니다 에곤 실레 누드 자화상에서 보았던 절규와 구토가 내 모습인 양 정겨웠던 펄럭이는 밤도 있었습니다 폐사지에 뒹구는 서늘한 달빛의 금지된

사랑의 뜨거움이 잠깐 스쳐 가기도 했습니다 주저함 없이 초록들 피워 올리던 그즈음이 좋기도 했습니다

그때는 석양도 붉지만 아니하고 노랗거나 푸르렀다는 것을 적도 근처에 거처를 마련한 지금에서야 다시, 알게 되었습니다

만첩홍도

겹겹이 쌓은 붉은 문장

열흘은 너무 길다
딱,
사흘만
내 남자로
머물다 가시라

제2부

그 남자와 앵무새

여름 끝 가을이 오는 길
조금 느렸던 대학로

오래된 술집 테라스
몇몇 시인과 남자
지워지는 여름꽃 이름 무심히
불러주며 차가운 술과 꽃 섞인 샐러드로
오후의 허기를 달랜다

말보다 글이 편한 사람들
술잔 비우듯이 말의 잔도 자주 비워진다

조용한 행간으로 스며드는 남자의 앵무새 이야기

뒷산이 배경이 된 미끄럼틀과 그네가 있는
놀이터가 남자의 말로 소환된다
〉

집을 떠나 홀로 살아야 하는 남자에게
친절한 여자가 선물한 뉴질랜드 출신 앵무새 연인

남자도 새들도 낯선 집에 익숙해지기 위해
아프지 않은 노력을 필요로 했다

서울행이 잦았던 남자
새들과 기차를 타고 서울 거리를 함께 했다
가끔은 남자가 없는 집에서 새들만의 파티가
열리고, 서로에게 충실했던 새들과 남자

어느날 갑자기 떠난 해외출장에서 돌아온 남자의 집
기다림에 지친 새들은 열려진 창문으로
남자를 찾아 날아올랐다
나는 법을 잊고 살았던 새들은
세상 가장 견고한 종이컵 옹관묘에 누워
놀이터 뒷산 긴서어나무 아래에서

남자와 비밀스러운 이별식을 가졌다

낙엽 쌓이는 깊은 가을이 오면
남자는 습관처럼 긴서어나무 아래를 서성거린다

그런 날이면,
아이들과 바람도 없이 놀이터에서
그네가 흔들린다고 말하는 남자
서늘한 눈빛 안으로
가을이 빠르게 당도하고 있었다

누구신가,

듣고 싶은 말보다 하고 싶은 말
더 많았던 한때의 어떤 이
물그림자처럼 천변을 걷고 있다

밥과 사람 냄새 사라진 지 오랜 집터
나무에 핀 꽃잎들 희다

사랑채 있던 자리
어젯밤 봄비에 드러나는 사과나무
장작더미에 덮여 있던 가계의 내력
지쳐가는 돌담과
고양이가 지나간 길
빗물에 섞여 떠나간 것들
흘러가는 중이다

떠나기 위해서는
여기가 필요했겠다

빈터에서 부르는 오월의 노래
언덕배기 사과나무들
붉은 꽃눈 피워내고 있다

누구도 그들이 그곳에서 살았다고 말하지 않는다

식물원 호텔

문지기 없는 로비로 들어가는 입구
손때 묻은 통나무문 빗장을 풀면
백 년을 떠돌던 유목민 어깨에
묻어온 진눈깨비와 햇살
높은 천장으로 천천히 흩어진다

매일 조금씩 키가 자라는 사다리가 놓인 방
흑백 사진들 제멋대로 마른 덩굴에
걸려 있는 누군가의 작업실
열린 창문에 기대선 나그네 나무
지워 가는 얼굴과 이야기 잎사귀마다 스미어
멀리멀리 날아가고 있다

오랫동안 병마와 싸우며 남은 나날이
지루하여 어찌 살아야 할까, 를 궁리하던
마흔 살 무렵의 사람이 호텔 정원에서
청포도를 따고 있는 손은 온통 연두색이다

〉

홀로를 위한 최고의 장소로 가는 길

몇 날 며칠 걸어서 가야만 닿을 수 있다

소년에게

먼 나라 섬에서 죽을 때까지
살겠다는 낯선 내 아우
삼십구 년 만에 겨우 벗어버린 모범생 프레임

용기도 희망도 시도도 그 무엇도 아닌
저를 저로서 마주 보기 위한 선택
한때는 진지하거나 간절하고 절박했던
소설가와 신부나 한 여자의 남자가 아닌
오로지 자유인으로만 살고 싶다는 생의 지도 만들기

책을 읽지 못해 짐승이 되어 간다는 너에게
책 안에 마늘과 쑥을 넣어 부칠까
고민하는 누이의 아침은 슬프지 않다

오래된 이름 스스로 지운 채
낯선 이름으로 또 하나의 우주를 그린다
〉

스스로 섬을 찾아 섬이 된 소년

이방인이면서 붙박이로 살겠다는
다짐과 맹세가 아닌 선언 앞에서
누이는 박수를 치며 응원하노라

기록하지 않는 섬 이야기를 뜨거운 태양
깊은 숲과 나무들 거름이 된 산호묘지에 새기며
물의 나라 낯선 섬에 내 아우가 살고 있다

오후의 사과나무
— 여름

멀지도 가깝지도 않은 여자들
골짜기에 둥지 튼 여자네
사과밭 안 누옥에 모였네

그들에겐 고향, 몇몇에겐 타향이었다가 고향이 되어버린
두꺼운 도시와의 인연
조금은 울다가 더 크게 웃고 있는
마흔 밖의 여자들

숨겨 놓은 열쇠와 열어둔 다락방
빈집 홀로를 허락한 여자네 집
글자락으로 생을 파먹는 여자들
시간을 만지는 손길이 따뜻하다

누군가는 아주 길게
누군가는 조금 짧게
어느 계절

잡지라는 공간에 세 들어
문장이란 이름 빌려
길거나 짧았던 하루
다정한 안부로 풀어내리라

사과나무 잎사귀들 천천히
그려가는 달콤한 향기의 지도
여름비 내리는 둥근 지붕 위에
작은 깃발을 꽂고 왔다

이상한 나라의 낭독회

세상에서 가장 뜨거웠던 여름 저녁

창덕궁 가는 길 근처
책 익는 냄새로 가득 찬 지하 창고
선남선녀 고급 독자와 소설가 그리고 시인들
민소매와 긴 옷소매의 동물 복장으로
헌책 뭉치 의자에 앉아 있다

가끔씩 꼬맹이선풍기 바람이 손님같이
다녀가고, 낭독자 목소리는 비밀회담 문서처럼
낮은 울림으로 무대 앞에서만 흔들린다

들리지 않는 문장들이 조용히 잠식한
곰팡이처럼 강한 냄새만으로 시야에 꽂힌다

진지함만이 높은 천장을 가득 메우고
길거나 짧은 문장 옷을 걸친 글자들

멀지 않은 시절의 유령같이 노랑 먼지 쌓인
책과 책 막간에서 제멋대로 춤을 춘다

'당신의 그림자가 울고 있다' 표지가 뜯겨진
심리학 저서는 기울어진 책장 틈에서
처음부터 열심히 듣고 있다

짧거나 긴 낭독의 시간이 지나자 의자가
되었던 뭉치 책들이 해바리기꽃처럼 크게 웃는다

어떤 회사 100년사는 오랜만에 보는
세상 밖 아이들의 놀이에 두꺼운 표지가
터지도록 꽃보다 더 크게 웃었다

집으로 가는 길을 잃어버린
세상에서 가장 뜨거웠던 여름 저녁

여자들이 살았던 거리

바람 무게 높게 쌓인 왕궁 회색 지붕 아래로
금발의 전사들이 느린 걸음으로 오고 있다
사내들 어깨 위로 흘러내리는
바람의 황금물결
도마뱀 문양 실크 바지 아래로 죽창을 휘두르던
전쟁터의 아우성,
검은 꽃잎처럼 쌓여 가죽 부츠 발자국을 지운다

쓸쓸함이 사라진 거리마다
하루 종일 무거운 비가 내린다

아득한 기억 저 너머에서 다가오는
진눈깨비 속 초록드레스의 여자들
속눈썹이 하얗게 변해버린 여자들이
가문비나무 숲으로 사라진다

연두왕국에서

노랑왕국에서
하양왕국에서
목이 긴 여자들의 얼굴이 으아리꽃 넝쿨처럼
천장 높은 창문 밖으로 휘어지고 있다

석양을 받아 담벼락으로 늘어지는 드레스의 긴 그림자
왕궁 뒤뜰, 왕관이 묻혀 있던 자리에서
금발의 남자들이 지고지고
안개처럼 따뜻하게
여자들이 피어나고 있다

관찰자 시점

세들어 살고 싶었던 골목 입구 기와집

넓은 마당 구석에 무리지어 핀
노랑 다알리아에 매혹되었던
마음이 컸다

불온한 시간의 벽을 넘어온
이파리 무성한 나무의 생애를 무조건
기억해야 하리라 다짐하게 되는
그 집 다락방 작은 창문

파란 대문과 돌담 너머
마당과 지붕만 훔쳐보던 집

아주 가끔씩
오래전에 알았던 사람의 그림자
낡은 우체통 앞을 서성거리기도 했던

울퉁불퉁한 행간을 두고 달라지는
색깔의 취향은 어느새 노랑에
당도했음을 안도했던 순간도 함께

이제, 부수다 만 담장과 아직
떠나지 못한 청매화 나무 한 그루
허물어져가는 그 집을 지키는 중이다

산책자의 속절없는 바람만 깨어진
기왓장 더미를 스쳐가는
안개 많은 아침

가을을 맞이하는 자세

화살나무 빨강 잎사귀 손톱으로
꾹꾹 누르면 적도의 석양처럼
지평선 낮은 구름에도 붉게
스미어 쓸쓸함을 키워줄까,
무심히 지나쳤던 수목원 나무들
가을이 오면 점령군이 되어 하늘로
하늘로 온몸을 펼친다
헐렁하던 허공이 색색의 이파리들로
채워지는데 하느님은 어디로 숨을까,

다락방에서 동그랗게 몸말아 무릎에 두 팔
묻고 열두 살 계집아이 그림자를 부른다
억울한 엄마 잔소리에 눈물 훔치며
달려갔던 해질녘 둑길
패랭이꽃보다 고운 노을 비추던
저녁 강에 어룽지던 엄마 미소
그 엄마, 영원의 가을 속으로 떠난 옛집

〉

담장 너머 뚱뚱한 오동나무 밑동에서 들려오는 개미떼의 합창
뒤뜰 포도나무 넝쿨마다 알알이 열매로 자라난 앨범 속 풍경
지하 창고에서 정든 향기로 익어간다

지금도 엄마 숨결 남아 있는 항아리들
저쪽별에서 이쪽별 바라보는 엄마 얼굴
저무는 햇살에 반짝이는 빨래집게 펄럭펄럭
옥상의 저녁은 기울어진 기와산
마주보며 일찍 자리를 펼친다

조금씩 빨리 찾아오는 어둠 데리고
먼 길 떠났던 식구들, 별과 함께
자장가 부르며 하나 둘 엄마를 찾아서
옛집으로 몰려오고 있다

묘지 박물관

전생에서도 만난 적 없는
소녀와 소년의 무덤 앞

흰 발바닥 고운 무릎 꿇은 소녀 조각상
월계관 쓴 소년 흰 조각상

화강암 남자 끌어안고
맘껏 우울한 흰 드레스 여인상
두 사람이 궁금한 여자와 남자

그들의 짧거나 긴 날의 기록
희거나 검은 조각과
녹슨 철문 위에 남겨두었다

죽음과 탄생의 상징 함께
피워내는 하양 꽃송이들
저 너머의 한때를 불러온다

〉

자발적 고립 꿈꾸며 찾아온 여기

남자와 여자도 꽃잎에 스미며
헐렁했던 시절 일기장 건네주며
두꺼운 잎사귀에 맑은 어제를 적는다

남의 나라 박물관에서 한 생의 매듭
천천히 풀어내는 햇볕 뜨거운 하루

짐작할 수 없는
여자와 남자의 또 다른 시작
꽃잎 위 쏟아지는 빗줄기 따라
색색의 깃발 꽂으며 주소 없는 지도를 그린다

지워지는 집

어쩔 수 없이 버리고 간
귀하의 가을을 만나러 가는
시간은 하루 한번
아침이 시작되기 전입니다

삐걱이는 통나무 대문
밀치고 들어가서 빈집의 지난밤
안부를 살피며 익어가는 모과
한 번쯤 만져보는 게 전부입니다

공가라는 노랑 종이 탄탄하게 붙은 돌담
저물녘 귀하가 서성거리던
꽃밭에는 지금 과꽃이 한창입니다
굴삭기 큰 입으로 뜯어내기 전
노래 속 누이 찾듯이 어느날
불쑥 하양 대문 밀치며 오시겠습니까
〉

오래전 떠났던 여행길
이름 모를 신전 기둥에 기대어
들려주던 그 문장
그네에 앉아 들려주시겠습니까

한때는 몹시 애정하였으나
무심해져 버린 모든 이름에게
다시 온기 건네고 싶은 간절함
불어오는 하루하루를 위해

귀하께선 첫눈이 내리기 전에 오시렵니까

돌이 된 공주

긴 건기 접으며 불어오는 빗방울
거꾸로 앉은 돌조각에 새겨진
그림 위로 싸락눈처럼 쌓인다

이룰 수 없었던 사랑 갇힌
라라종그랑 공주 사원

빗물 위 산채로 뚝뚝
하얀 깜보자꽃들
전생의 노래인양 쓸쓸하여라

길 잃은 여행자
석탑 앞 서성이며
이루어진 사랑의 이름 조용히 불러본다

슬픔을 먹고 자라난 기둥에 스민
시간의 심줄

세상 하나뿐인 책 한 권을 탈고했다

사원 뒤뜰에 홀로 선
빠빠야 나무에 기대어
붉은 꽃 점을 친다

사원 안 문틈 사이로
공주의 웃음소리
희미하게 들려왔던가,

그날의 하루를 만난 오늘 하루

폭염주의보 내려진 대서에 떠난 강원도행
늦은 점심에 나온 다슬기탕을 쉼 없이 먹습니다
식당 화단에 무더기로 핀 수국은 한여름
땡볕에 공갈빵처럼 맘껏 부풀어 오릅니다

처음 만나는 사람들과 함께하는 낯선 자리
실없는 농담과 담배 연기 속에서 떠도는 웃음소리
해가 긴 계절 안에서 또 하루가 저물어갑니다

긴 여행 마지막 날, 이국 여자가 건네주던
눈 큰 인형과 유리 펜 한 자루와 한국어로
짧게 쓴 그림엽서 한 장
더 이상 어제를 기억할 수 없는 어느 순간에도
호명하게 될 당신이란 따뜻한 이름
줄 수 있는 게 가난한 마음뿐이라는 노래
들으며 빈 술잔만 만지작거립니다
〉

모든 신을 모셔 놓은 검은 숲 숨겨진 사원
퇴고를 미루는 습작의 문장처럼
비밀 상자에 넣어 두었던 상처의 봉인
조심스럽게 풀어내어, 말없이 당신 손
잡은 채 별무늬 석상에게 짧은 기도를 바칩니다

낡은 슬리퍼를 끌고 나온 익숙한 골목길
반쯤 열린 하얀 대문 안 외딴 방
녹슨 자물통을 어렵게 열었습니다
기울어진 이젤 위, 그리다가 만 당신의 뒷모습에
지워진 노래와 경건한 작별식
못다 한 이야기를 정성껏 그려 넣습니다

백야의 길고 긴 그 시절의 하루, 오늘
만난 늦은 하루와 함께 오랫동안 기억하겠습니다

아버지의 꽃밭

조용히 익어가는 청포도 있는 옛집 뒤뜰
외양간 왕방울 눈 황소는 어린 딸아이
소 인형 사이에 두고 눈싸움 중이다
사촌 아이들 깔, 깔, 깔, 얼음과자
먹으며 신나는 구경을 한다

땡감 바르게 익어가는 늙은 감나무
그늘 아래 평상으로 울려 퍼지는
김 씨 삼대의 말간 웃음소리
앞뜰에 핀 백합무더기 안으로
달달한 이야기 타전하고 있다

진달래꽃 귀신 산다던 뒷산
부엉이 바위에서 부쳐온
오래된 식구들의 안부
통유리창 모시 가리개로
스며드는 긴 하루

장소의 탄생

세 번의 겨울을 보낸 서울을
떠나온 지 두 계절이 지났습니다
헝클어진 마음 갈피에서 젖은 잎사귀들
모아 서둘러 가을을 준비하는
늦여름 숲에 펼쳐 놓습니다
처음 만나는 문장 속 당신의 손은
골짜기 끝 사과네 집 나무 평상에서
풀잎 점을 치며 이른 저녁을 맞이합니다

살고 싶어지는 오늘과 죽기 좋았던 어제는
우리가 함께했던 광장의 흐림과 명랑처럼
나무 우체통 위에 사이좋게 걸어둡니다

먼 땅에서 오고 있는,

아무리 기다려도 오지 않은 겨울이 있는 도시
흰 눈의 계절을 살아보지 않은
나무의 생애는 외롭지 않고 명랑하다
사계가 없는 푸름 속에서 자란 나무들
성장촉진제를 맞은 키 큰 꽃과 같이
짧은 시간 안으로 긴 삶을 펼쳐놓는다

겨울 한가운데 일월과 이월 사이
식물원 제3 산책로 초입에서 만난
꽃송이들 무성한 아소카나무 한 그루
죽은 이들이 잠들고 싶어 하는 나무의
지붕은 둥글고 따뜻하다
주먹만 한 주황 꽃송이들
주렁주렁 피어 빗속에서도 환하다
이파리 무성한 나뭇가지엔 공원지킴이
구렁이가족도 함께 지낸다

생애 처음 맞이하는 따뜻한 겨울 속
창고 방에 쌓아둔 하양을 찾는 일에 열중이다

우기의 한낮, 대서양을 넘어서
적도로 숨 가쁘게 달려온 귀한 햇살
지칠 줄 모르고 피고 지는 꽃잎들
족적을 환하게 비춘다

멀리 오면서 두고 온 먼 땅
얼음골의 함박눈 안부
폭설 같은 폭우 속 빗방울에
숨어서 이륙 중이다

외투 안 깊이 겨울 이야기 한 아름 품은 채
오고 있는 당신은 아직 도착하지 않았다

이국에서 만난 사람

기록도 없이 사라진 마을에 대해 말하던
노파가 있었다
노파는 마치 오래전 떠난 나의 누이가
아닐까, 라는 생각을 잠시 했다
노파가 기억하는 가족사에 대한 일이라고는
바람이 푸근했던 골목길과 뚱뚱한 나무 한 그루
있던 기와집 넓은 마당이었다
노파의 눈빛은 오래전 죽음을 경험한
사람을 닮아 있었다
누구도 기억하지 못하는 마을 이야기는
노파의 입을 통해서만 전해진다고 했다
처음 간 나라에서 처음 만난 노파
죽은 나의 누이와 눈빛이 닮아 있었다
노파가 들려주던 이야기는 내 전생의 어느
한 시절이 아니었을까,
낯선 나라 낯선 도시에서 낯선 노파와
이야기를 나누던 식물원 산책길

12월 비의 나날 속에서 주황 꽃송이
주렁주렁 피어 있었다
잠시,
따스한 바람이 내 곁을 스치고
갔음을 알았을 땐
한바탕 소나기가 다녀간 후였다

제3부

탈고되지 못한 왕궁의 비밀

뭉치뭉치 쌓여서 떠날 수 없는 두꺼운 바람
청록색 이끼 키우는 흩어진 돌무더기 사이에서
옛 전사들의 발과 손 여전히 자라고 있다

거짓된 희망과 무늬뿐인 혁명을 앞세우고
비탈길을 넘고 넘어 비밀로 채워진 긴 밤을
끌고 온 그날, 짧은 아우성만 남긴 채
성벽은 쉽사리 무너졌다

그때부터 하늘이 지붕이 된 돌로 지은 목욕탕
밤마다 별이 된 공주들의 노랫소리 들려온다
달빛 없는 그믐밤에는 왼쪽 돌 목욕탕에서
왕자들의 웃음소리도 크게 들린다
가끔은 돌 목욕탕으로 사라지는 사람이 있다는
소문이 마른 꽃씨처럼 퍼지기도 한다
함께하는 이의 친절한 설명에
살짝, 꽃무늬 우산이 흔들렸던가

〉
신들의 기도조차 멈추어버린 궁터의 나날
정적만이 황금 촛대 위에서 자주 서성인다

담장 아래 흙더미에서 뒹구는 어린 병사
가죽신발 안으로 충성을 잊어버린 벌레들
흔들리는 시간을 천천히 낳는다

성벽을 쌓던 노예들의 손톱에서 흘러나온 무거운
용서는 봉분 없는 무덤에 하얀 꽃을 피웠다
생과 사를 풀어내는 방식이 종교에 따라 다른 나라
힌두교식 삶의 환희와 이슬람교식 죽음
하얀 깜보자꽃을 해석하는 인니 방식이다
먼 곳에서 온 사람들 지나간 발자국마다 하얀 꽃잎들
함박눈처럼 무덤을 덮는다

꽃무늬 우산 속 이국 남자와 여자

비 내리는 돌담에 나란히 걸터앉아
오랫동안 염소들의 풀밭 식사를 지켜본다
쪽배를 타고 산책하던 돌계단 아래 연못
주인 잃은 황금신과 꽃신 몇 켤레
둥 둥 둥 따뜻한 비에 젖고 있다

염소들이 떠난 비의 하루가 빠르게 풀밭 위에 닿는다
문 없는 돌기둥에 기대어 서서
깊은 잠에 빠진 태양은 아침을 잊은 지
오래라는 빗방울 전언을 듣는다

그 시절 공주와 왕자의 이름으로
환생한 이국 남자와 여자
이천십삼 년 십이월 포근한 겨울 안에서
잠시, 어떤 생의 하루를 다녀오다

묵호에 있다

거기에 있다고 한다

그 시절을 데려온 이름이라 했다

오랜만에 만난 저녁 술자리
차 한잔, 자리를 떠올리며
그곳 언저리에 비슷한 기억을 간직한
류와 정의 목소리는 살짝, 떨리기도 한다

사람과 장소에 대한 설렘
아직은 떨림을 선물하는 행간이 남아있음에
홀로 슬며시 웃어본다

차창가에 앉아 잡지를 뒤적이는 눈빛
빠르게 기찻길 지나며 꼬불꼬불
좁은 길을 차보다 먼저 달리고 있다
〉

바람 마을의 언덕배기 좁은 골목길
빨강 꽃무늬 수놓은 하양 린넨 앞치마
검정 고무신의 여자, 비밀의 문
활짝 열어 두 팔 가득 설렘을 안아준다

젊은 오드리 헵번과 오래된 노래들
손바느질로 시와 옷을 짓는 사람
잊고 살았던 그때를, 진한 커피에 담아
은쟁반 가득 펼쳐 놓는다

더위에 지친 어둠은 마른꽃 걸린
통유리창 너머로 묵호 바다 노래
찰랑찰랑 실어 보내고 있다

거기에서,
여자가 썼다 지우고 짓는 사람과 시 냄새
나폴리 다방은 풀잎 표지로 이른 가을을 제본 중이다

손수건 한 장의 대서사시

치마를 입은 남자와 글자를 모르는 여자의 사랑은 폐허의 숲에서 시작되었다. 오랫동안 대륙을 떠돌던 남자. 그 어떤 아름다움도 여자보다는 헐렁했음을 고백한다. 훌륭했던 전사를 아버지로 둔 남자. 권력자에게 여자들의 첫날밤을 허락해야 하는 억지 서약은 전쟁을 불러왔다. 여자와 남자의 첫날밤은 누구도 모르게 이루어졌다. 생의 절반은 전쟁으로 그럼에도 사랑은 더 푸르게 폐허에서 자라났다. 여자들의 첫날밤을 가진 괴물의 최후는 죽음보다 무서운 몰락이었다. 살아남은 이들은 남자의 이름을 용감한 전사라 칭했다.

손수건 한 장으로 돌아온 여자와 남자의 그 숲. 봉분없이 숨겨진 무덤. 무릎 꿇은 남자의 등뒤로 피묻은 손수건이 흔들렸다. 버려야 할 것과 쟁취해야 할 흔적은 분명했다. 무심했던 옆 마을 남자들도 긴 나무창을 들고 숲에 모였다. 오늘과 내일이 와도 없음과 있음의 싸움은 여전히 진행 중이다. 용기는 잊어버리고 오만만 남은 두꺼운 성벽은 쉽게 흘러내렸다.

세상 가장 큰 쓸쓸함이 어둔 숲속을 감싸는 동굴 안 새로운 사랑. 그렇게 잠시 지나간 인연은 온전한 서사를 낳았다. 배신과 복수의 지루한 시간의 끝. 죽어가던 나무와 죽어가는 새들이 돌아온 남자와 여자의 숲. 사랑은 사랑으로 이어지고 전쟁은 전쟁으로 끝이 없는 불편한 이야기. 자유라는 이름으로 완성된 남자의 죽음. 마지막 순간까지 남자를 지켜준 들꽃 수 놓인 피문은 손수건 한 장. 여자와 남자의 숲에는 지금도 펄럭이는 전설이 있다.

책도둑 다락방에서 만난 유령의 자서전

— 영화 〈책도둑〉 후기

보이지 않는 긴 눈빛을 실은 채
눈 쌓인 마을 따라
기차는 느리게 가고 있네

눈보라 잠시 멈춘
햇살 얇게 비추는
간이역 근처, 눈 쌓인 공동묘지
작은 무덤가에
줄 긋다 만 문장들만 하얀
책 한권 비석으로 남겨지고
검은 눈 터널 따라
엄마는
아픈 뒷모습으로 떠나갔네

오래된 다락방에 유배 온
책도둑 소녀와 유령은 따뜻한 악수를 나누며
말없이 쓸쓸하게 오랫동안 웃었네

〉

유치한 이념을 검붉게 내걸고
명분 가득한 구호 속에서
책들의 화형식이 열리자
불타는 책들을 훔치고
블루커튼 쳐진 창문을 넘어
또 책들을 훔치며
물고기 소년과 책도둑 소녀가 놀았다네

죽어가는 혁명가에게
훔친 책을 읽고 또 읽어 주고
지하방에는 책과 눈사람이 함께 살았네
혁명가는 살아서 떠나갔다
다시, 돌아 왔다네

기억할 수 없는 아픔을 안은 채
살아가는 사람들은

조금씩 죽어 가기 시작했네

눈밭에 묻었던 남동생에 대한 슬픔
물고기 소년의 죽음에 바친
마지막이자 처음인 뜨거운 입맞춤
길거나 짧은
회색눈의 나날에 대한 기록이었네

며칠은 햇살이 머물다 가고
며칠은 전쟁터 같은 폐허가 생겨나기도 했다네

눈 내리는 마을
눈 내리는 공동묘지
광장 바닥에 불타던 글자들의 울음으로 새겨진
문장과 문장 사이로 지워진 지문
불꽃재의 목숨들, 유령의 긴 손짓으로 화석이 되었네
〉

젖은 노트를 기억하고
유령의 긴 여행을 떠올리며
다리 아래 차가운 강을 추억하는
서늘하고 따뜻한 책들의 일기
검은 눈의 마을에서 하얗게 돌아 왔네

몇 번의 폭설이 점령군처럼 다녀가고
몸이나 마음이 한 번도 아픈 적 없던
사람들이 구경꾼의 얼굴로 기차를 타고
몇 번의 겨울을 다녀갔다네

자작나무 상자에 스민 그믐밤 달빛

강요하지 않은 진지함과 침묵

작은 방 풍경은 요란하거나 무겁지 않다
병든 영혼과 욕망의 사다리
길 잃은 천사의 독백
동굴을 안고 사는 친구에 대한 기억
끝나지 않은 혁명과 시작하는 혁명

지쳐가는 것들은 모두
조용히 날개를 펼친다

가볍지 않은 고요가 쌓여 간다

사육사의 일기

내가 만든 우울은 여린 뼈를 가지고 있다

뚱뚱하게 살찐 우울을 키우고 싶었다

적도의 뜨거움을 먹고 자란 우울은
그늘이 없어 좋다

천둥과 번개와 장대비
강대나무는 우울을 키우기에 적당하다

오래된 악기

— 홍혜선님

분홍박쥐 동굴 협곡 따라
조용히 흘러나오는 여자의 노래

젖은 소리의 울림으로
보고르 식물원에서
만나 램프꽃처럼
빨갛게 익어가는 여자

섬이 많은 나라에서 만난 여자

터키 파묵칼레 옛 마을 언덕
돌담 아래 피어 있던 꽃양귀비같이
환하게 피어난 여자

기척없이 떠내려가던
설렘, 여자 앞에서 키를 세운다
〉

여자 몸에서 흔들리는
재즈의 낮은 흐느낌
수마트라섬 끄루이 바다 코끼리 바위
푸른 거품 되어 스며든다

오랫동안 비어있던 집으로
녹슨 대문 밀치며 화관 쓴
계집아이들, 총총 걸음으로 몰려온다

여자를 사람이게 하는 오래된 노래
거처에 여자가 살고 있다

보들레르와 함께 포도주를 마시는 저녁

제목 없는 당신의 시를 신에게 바치는 기도처럼 읽고 있는 오후라오

인도양 물결무늬 흘러드는 순다해협에서 맞이하는 적도의 해질녘은 붉게 타오르다가 맹그로브 나무 숲으로 천천히 가라앉고 있소

미처 살아내지 못한 생의 행간이 있다면 낯선 땅에서 보내는 긴 휴가 속에서 기꺼이, 다시 시작해 볼까 싶다오

시대를 앞서갔던 당신의 문장들은 검은 꽃병에 꽂혀 대문 없는 폐허의 사원에서 뜨거운 햇볕 받아 푸르게 푸르게 피어나고 있다오

당신이 각혈하듯이 쏟아내던 검붉은 꽃의 노래는 지금, 여기의 일만 칠천 개 섬 곳곳에서 핏빛과 분홍 더러는 황금빛 햇살 부스러기로 쓰러지며 먼바다 심해로 빠져들고

있소

권태와 우울과 불안의 나날이 창녀들의 춤과 노래와 죽음, 바다와 수부들과 부랑자들, 태양과 슬픔의 냄새와 뒤엉켜 당신이 남기고 간 시들의 묘지에서 오래된 돌담에 핀 이끼처럼 여전히 잘 자라고 있다오

이곳은 천둥과 번개와 함께 소낙비가 자주 내리는 곳이라오

처음엔 낯설던 천둥의 신 덴무도 건기인 지금은 기다려지기까지 한다오

당신을 처음 만났던 이십 대, 그 시절에는 그저 이별의 아픔에 젖어서 겨울밤을 지새우며 하얗게 울기만 했다오

나로부터의 자유가 두려웠던 그때는, 당신이 품은 바다를 찾지도 볼 수도 없었음을 이제야 고백하고 싶소

〉

다시, 바다가 지천인 이곳에서 만나는 당신은 내가 살고 싶은 외딴섬의 나날 속에 살고 있는 듯하여 마냥 부럽기만 하다오

당신이 건네주는 마지막 유리잔 안에 그득한 취기는 영혼을 저당 잡힌 유령의 입맞춤처럼 뜨겁고 달콤하오

당신의 시 「아름다운 배」에 나오는 포동포동 굵은 목과 퉁퉁한 그녀처럼 감미롭고 나른하고 느린 리듬을 타며, 조용조용 그러나 의기양양하게 난바다로 떠나고 싶소

훗날, 또다시 당신을 만나는 시절이 오면 당신의 하룻밤 애인이 되어 외딴섬 빈집에서 밤을 새우며 밤새도록 술잔을 나누다 아침을 맞이하고 싶다오

지금은 당신이 좋아하던 신전의 오래된 정원 작은 방,

녹슨 창문으로 스며드는 적도의 석양에 희미한 눈길 보내며 당신을 만날 어둠을 기다리고 있소

2014년 1월 12일 일요일의 일기

기억 저편의 나와 나
하얀 눈과 지천인 초록
낯설음과 익숙함
초록과 사계 없이 피고 지는 꽃
사이 사이에 나와 내가 있다
이곳에 온 나에게
그곳에 두고 온 나는 둘인 듯 하나로 살아간다
멀지도 가깝지도 않은
공간을 사이에 둔 채
초록에 지쳐가는 나와 사계를 추억하는 나
꽃이 되고 잎사귀가 되고
폭설이 되고 폭우가 되는
내 너머에 살고 있는 나
북회귀선과 남회귀선 사이
적도에서 나와 내가
유리펜으로 자서전의 첫 문장을 완성한다

창덕궁 문지기

와불처럼 늙은 몸 누인 채
한쪽 팔 끝
싸락눈 같은 하얀꽃 피우고 있는
당신의 이름은 회화나무입니다
늦여름 끝자락 고궁에서 처음 만난 당신

당신 앞에만 서면
나도 모르게 두 손 곱게 모으는
나를 보며 당신이 환하게 웃습니다

당신에게선 켜켜이 쌓인 적요만이
전해 주는 뿌리 깊은 향기가 있습니다

늦은 편지

멀리 오면서 두고 온 손 하나
마음 의자에 앉아 가만히 머무는 한낮

한가로운 햇살의 군무, 바람에 묻어
공원 나무 지붕을 빗질 중이다

긴 휴가 중인 여행자의 방
새끼 도마뱀 찍짝 한 마리
천장에서 내려와
눈 맞추며 놀자 한다

서정춘 연애학 개론

선배시인 딸 결혼식 뒤풀이
광화문 근처 까페에 둘러 앉아
서로 그간의 안부를 묻는다
세 번째 만난 노시인
한 권 인생사를 황금키위 쥬스 홀짝이며 듣는다
2살부터 함께한 새엄마 페이지에선
울보시인답게 눈물 바람이다
마스카라 번지는 것도 잊은 채 덩달아 눈물 찍는다
가난이 훈장인 시인
등단 28년 만에 낸 첫 시집 속 짧은 시편들
여전히 독자를 끌어당긴다
마지막 단락은 역시나 연애사
야간고등학교 출신 남자와 영화관 경리 여자의 야반도주
아이 둘 낳고 시인이 되어서야 양가 허락을 받았다는,
노시인을 만든 팔 할은 연애의 힘
며칠 전 다툰 내 남자와의 연애시절이
얼었던 마음 구석에 함박눈 떨구는 일요일

석골사의 봄

삼월 언저리 비오는 아침
기차는 느리게 남으로 남으로
꽃소식 모시러 길을 나선다

도시 비우기를 외치는 서울
잠시, 버리기로 한다
꽃피기 어려운 광장의 봄
잠시, 떠나기로 한다

차마, 이름 지을 수 없는
귀한 차에 스민 고운이의 지극함

연두 피운 느티나무, 창문에 기대어
참꽃잎처럼 소소한 이야기
듣고 있는 도심스님의 숲속 책방
지루한 남은 생 의탁하고 싶더라

돌들의 노래 멈추지 않는 포근한 골짜기
해질녘 범종소리 길게 길게
소맷자락에 묻어와
서울의 봄, 깨우는 중이다

현모양처

이쪽 별에서
저쪽 별로
먼 먼 여행 떠나시는
어여쁜 내 엄마

엄마 흉내쟁이 셋째

하얀 옥양목 저고리 끝
흰 손바닥에
꾹꾹 눌러 쓴 네 글자

그날 이후, 매일매일
나의 신전에 바치는 헌사

제4부

김영태 시인께 부치는 늦은 엽서

생전에 볼 수 없었던 당신

매혹적인 고집의 그늘 반 근과 멀리 있는 무덤을
찾아서 강화도에 갔습니다

오래된 느티나무 아래
조약돌로 지은 작은 집에서
당신을 만났습니다

눈의 나라 사탕비누들이 된 백색 신부들과
눈 오는 양말을 신고 느리고 무겁게 그리고
우울하게 결혼식과 장례식에서 남몰래 흐르는
눈물 훔치며 그 누군가가 되어 다녀갑니다

베르나르 포콩의 사랑의 방

문틈으로 한 쪽 벽만 비추는
태양과 빗줄기와 함박눈
오롯이 두 남자만 있는 창문 없는 방에서
저녁은 고요의 바깥에만 머문다

방이 있기 전 공허한 집이 살았던 자리

슬픈 날보다 기쁜 날이 적었던
시간의 지문 얼룩으로 남아 있는 그 방들

마음대로 불러오던 시든 꽃들과 소녀의 초상
아무것도 없는 벽 거울 안
누구의 기억에도 없는 발자국들 불타오른다

오랫동안 준비한 사랑의 방에 그득한
이별이라는 냄새는 파랑 빨강 노랑 하양
문으로, 문으로 가고 오고 있다

홍수영의 서울오감도

봄비 내리는 서촌의 목요일 저녁
팔 긴 여자와 밥집에서 커리를 먹는다

잠시 들른 이상 백부 집에서 동행한
적막과 흰 튤립 세 송이가 언덕길 함께 오른다

두 권 시집으로 환생한 키 큰 나무 의자
열 권 소설을 필사 중인 여자네 책방
보름밤마다 율리시즈를 묵독하는 눈빛들 총총 다녀가는

책값 외상은 기본, 원하는 책은 언제나, 망하기 위해
품격만이 존재하는 서점의 비밀, 눈 맞추며 듣다가
키득 키득, 어두운 창밖 키 큰 목련 나무도 하 · 하 · 하

낙운재樂雲齋

구름마을이라 부르고 싶은 깊은 골짜기
빨강 고무대야에 이슬 받아
꽃에겐 말고
먹거리에만 바치는
하루 한번 막걸리 두세 잔
낮잠 한번
꼭
지켜야 하는

꼭꼭 숨겨 놓은 그 자리

사이 미학

당신은 해바라기를 보면 쓸쓸하다고 합니다

나는 해바라기가 아이들 웃음을 닮았다고 합니다

한강 내려다보이는 언덕배기 공원
갈대숲 새들 집마다
아기 새들 옹알이가 한창입니다

간단하지 않은 식사

주저리주저리
열흘 굶은 사람마냥 말 주머니
쏟아내는 사람과 함께
늦은 점심을 먹는다
길고 긴 섬나라, 인니 사람들
탯말같이 겨우
조금만 알아 들을 수 있는
말잔치 앞에서
인내를 가장한 두 손
물컵만 잡은 채
눈길은 비오는 창밖에 둔지 오래다
폭우처럼 쏟아지는 저 말들 속에
오래된 그의 청춘도 섞여서 겨울비에 젖고 있다
정원 뒤뜰, 깜보자 꽃나무
빨강 꽃 송이송이 산 채로 뚝뚝
떨구고 있는 겨울 깊은 자카르타

수목장 산책

여자는 유언으로 부고 알림
장례식 없이 주목나무와 함께
사계를 느끼고 싶어 했다

여자의 바람대로 생의 가장
긴 시간을 함께 한 세 사람
조용하게 여자와의 작별식을 가졌다

일 년에 한번 그날이 오면
여자가 애정했던 고요,
아꼈던 찻잔에 담아
하루는 맑게 쉬었다 가시라

묘비명
— 미완성 교향곡, 1964

깊은 산골짝 마가리에 걸어둔

사과나무 문패

조금씩,

닳아서 속마저 비우는 시절 오면

불꽃이 유난히 아름답다는 사과나무

온몸 사그라지며

못다 부른 노래는

남겨 두고 떠나도 좋지 않을까,

기우뚱,

— 희인에게

늦은 봄, 몸만 많이
아픈 친구와 안개주의보 내려진
대관령 옛길을 넘는다

오래된 풍경은 지워진 채
불시착한 꽃무덤 지천이다

아직,
묻지 못한 안부는 허무 페이지만
곱게 접어서 청동 제단 위에 바친다
조금만 몸이 아픈 내가 흰꽃술을 마신다

절구

뚱뚱한 아픔도 사향고양이 똥같이
커다란 절구통에 넣어서
통통통 두드리면
루왁커피처럼 부드러운 슬픔만
체리 향기로 남겨질까

수마트라섬 람뿡 서부 리와에서
생애 처음 만난 아라비카 하양꽃 달콤한 향기
천장 높은 통나무집 마당마다
무더기로 널려 있는 색색의 커피 열매들

수줍음 많은 뚱뚱한 주인여자
절구통에 사향고양이 똥 빻으며
스스로 카메라 속으로 들어 오네

옛집에 두고 온 아픔 뭉치들 모두
데리고 와서 절구통에 빻고 싶어지네

그 아픔 뜨겁게 볶아서 루왁커피처럼
달콤한 슬픔으로 데려가고 싶네

중얼중얼 꽃비 내리는 날이었네

11월

아직은 춥지 않은 하루하루입니다
나뭇잎들은 서둘러 가을을 떠나고 싶어 하지만
단풍은 쉽사리 이별 선언을 하지 못합니다
오래된 습관처럼 십일월 마지막 주에는
안개를 찾아 숲으로 늦은 휴가를 떠납니다
몇 장 남은 단풍과 수북하게 쌓인
단풍의 낙화에 발목을 담그고 서서
한 해의 궤적을 낙엽 더미에 차곡차곡 묻습니다
나만이 아는 신전 돌층계를 지나 이끼 낀 돌기둥에
이르면 일 년에 한번 내가 내게 주는
가장 경건한 선물의 시간을 제단 위에 펼칩니다
참, 잘 · 살 · 아 · 왔 · 다.
서늘한 바람은 느리게 먼 그곳에서
단풍 파이 향기를 실어옵니다
긴 스웨터 끝자락 조금씩 스며드는
햇볕 공양을 받습니다
홀로 치른 의식의 제단 위로 안개에 젖은

자작나무 잎사귀들이 쌓입니다
말없이 지켜보는 사람의 어깨가 넓게 부푼 하루입니다
십일월 안개를 따라온 자작나무 깊은 숲길 끝
안개 무리 속에 키 큰 따뜻함 새겨진 흰 그림자
두 팔 벌려 우리를 반겨줍니다
그림자 손을 잡은 채 가만히 십 · 일 · 월이라고 속삭입니다

3호선 홍제역

눌러앉아 남은 생
사과나무같이 늙어 가고 싶은

비밀 터널 전설처럼 흐르는
경복궁 근처 골짜기 마을

호랑이 산으로 불리던 인왕산
병풍같이 감싸주는

기차 바위산 오르면
마당 넓은 푸른 기와집

여행자들의 발자국
긴 쉼표를 찍는 여기

인도네시아 술라웨시섬 또라자 마을에는 '똥꼬난'이 있다

멀리 오면서 두고 온 고향 바다

깊은 산 속

살아서도 죽어서도
바다와 함께 영원을 사는 또라자족

지붕으로
상여로
무덤으로

살아있는 전설의
슬픈 배 이름이여!

한때의 기억을 현상하다

남극에서
얼음이 가장 빨리 흘러
내린다는 시라세 빙하

바이올린 나무 퉁퉁한 몸통에서
소리 없는 울음으로 자라고 있다

떠돌이 섬이었던 아이
두 팔 내밀어
울음으로 익은 노란 잎사귀
창문 밖 길을 비추고 있다

적도 근처에 처소가 있다

가면 뒤 표정을 감춘
남자들, 뚜벅뚜벅 걸어 나오는
한적한 사원의 돌계단

간절함 식어가는 의식 속으로
마스지드 지붕에서 흘러나와 느리게
파고드는, 절절한 기도 소리

풀어진 셔츠에 깃들어
초록 빗물로 퍼지며, 자와섬
순다 끌라빠항 늙은 목선에 실려
바다로, 바다로 푸른 항해를 시작하다

사라진 왕국의 고대 무덤
돌관에서 깨어나는 생은
다시, 블루
높은 천장 아래 굳게 닫힌 유리 장식장

위, 규화석으로 만든 피라니야 한 마리
우기에 파고든 이끼 털어내며
지느러미에 새겨진 바닷속 시간 흔들어
여인 석상 어깨에서
지우고 싶었던 시간을 현상하다

북회귀선 떠돌던 서늘한 갈색 잎사귀의 나날
마따하리, 뜨거운 햇살에 빛나는
부겐빌레아 하얀 꽃으로 피어나는 곳

적도의 검붉은 숨결 따라
단풍든 바다 바람막이 우산나무
긴 소풍 나온 여자에게
빨간 잎사귀 손 내밀어
따뜻한 악수를 청하다

발문

'다시, 푸른 징조'로 깊어가는 시의 옛집

박승민(시인)

삼척, 영동선 그리고 1983년

2월 하순 어느 날, 묵호항을 다녀온 적이 있다. 통리를 지나 삼척으로 들어서자 "아! 여기가 길녀 고향인데"하는 감회가 절로 들었다. 수년 전 김길녀 시인의 엄마가 돌아가셨을 때 문상 길과는 달리 새로운 직선도로가 쭉 뻗어서 시간을 단축해 주었지만, 가는 길 내내 폐광의 흔적이 어둡게 드리워져 있었다.

경상북도 내륙의 가장 북쪽인 영주에서 묵호로 가려면 일단 봉화, 철암, 황지, 태백의 탄광촌을 지나 통리까지 가야 한다. 통리에서 길이 갈라지는데 왼쪽으로 꺾으면 상동, 영월, 정선으로 통하고 오른쪽으로 꺾으면 도계, 삼척, 북평, 묵호가 나오면서 그야말로 동해의 푸르디푸른 한국산(產) 물결을 만날 수 있다. 나는 이 첩첩의 내륙 산길을 '한국에서 가장 서글픈 길'이라고 부르곤 하는데, 사실 이곳은 7, 80년대만 해도 국도로 간다는 것은 엄두도 내지 못할 만큼 험한 산세였다. 유일한 교통수단은 영주에서 출발하는 영동선을 타는 것이었다. 지금은 태백시가 되어버린 황지나 장성, 고한, 사북은 가난에 떠밀린 가장(家長)들이 막다른 빚처럼 광부가 되어 석탄을 캐다 사고로 수없이 죽어 나갔다. 그리고 그 자식들은 탄 묻은 돈을 들고 다시 영동선을 타고 대처로 유학을 떠났다.

김길녀 시인의 고향인 삼척이라고 크게 다르지 않았을 것이다. 그곳의 아버지들 역시 영동선을 타고 탄전이 모여 있는 장성이나 태백으로 와서 광부가 되었거나, 어부가 되어 동해의 풍랑을 헤맸을 것이며 "조용히 익어가는 청포도 있는 옛집 뒤뜰/외양간 왕방울 눈 황소는 어린 딸아이/소 인형 사이에 두고 눈싸움 중이다"(「아버지의 꽃밭」)의 김길녀 시인의 아버지처럼 돌 반, 흙 반인 산비탈을 개간해서 겨우겨우 살아갔을 것이다.

이 깊은 오지에서 1971년, 한 소녀가 초등학교 1학년이 되었다. 서쪽으로는 첩첩이 산뿐이고, 동쪽으로는 망망바다뿐인 곳에서 그녀는 스무 살이 될 때까지 이 산골의

'밀폐 공간'을 어떻게 견뎌냈을까. 그런 애잔함은 사실 내가 나에게 하는 말일지도 모른다. 나야말로 행정구역상으로만 경북이지 충북과 강원도의 경계에 푹 갇힌, 그야말로 사방팔방이 산에 포위된 그 '분지'를 탈출하려는 열망으로 사춘기 내내 몸살을 앓지 않았던가.

"다락방에서 동그랗게 몸 말아 무릎에 두 팔 묻"던 "열두 살 계집아이"는 "눈밭에 묻었던 남동생에 대한 슬픔"을 뒤로하고 1983년, 우리 나이로 스무 살이 되자 "보이지 않는 긴 눈빛을 실은 채/눈 쌓인 마을 따라/기차는 느리게 가"는 그 영동선 비둘기호를 타고 부산으로, 나는 서울로 각각 새로운 세상을 향해 집을 떠났을 것이다.

모르긴 몰라도 소녀 시절, 김길녀 시인의 우심실은 자존심이 철심처럼 박혀 있는 열정 덩어리였을 것이다. 반면에 좌심실에는 "내가 만든 우울은 여린 뼈를 가지고 있다"거나 "뚱뚱하게 살찐 우울을 키우고 싶었다//적도의 뜨거움을 먹고 자란 우울은/그늘이 없어 좋다"처럼 자기 고립과 고독으로 매일매일 "적도"의 붉은 노을 같은 열병을 앓는 소녀였을 것이다. 그가 살아온 산지(山地)의 지형이 그러하고, 나중에 '시인이 된 결과론'을 소급적용하면 필시 그런 힘이 그녀로 하여금 시를 쓰게 한 내적 동력이 되었을 것이다. 그러지 않고서야 어찌 함부로 시인이 되었겠는가.

잔잔한 파문, 환기의 문장들

김길녀 시인을 처음 만난 것은 구룡포에 사는 권선희 시인이 첫 시집 『구룡포로 간다』를 냈던 2007년도 무렵이었다. 출판기념회가 열린 포항 어느 바닷가로 축하하러 간 자리에서 부산에 살며 시를 쓰던 김길녀 시인을 처음 만났다. 김길녀 시인과 나는 나이가 같다는 점과 촌놈이라는 이유로 급속히 친해졌는데, '촌놈들' 특징이 남에게 첫 마음 주기가 어렵지, 한번 준 마음은 잘 회수를 못 하는 성정인지라 이후 이런저런 문학 행사에서 만나면 무척이나 반가웠다. 겉으로는 까칠하고 도도한 척하지만, 그 문을 한풀 밀고 들어가면, 영락없는 삼척 산골 소녀의 '순진'과 '진심'이 그녀의 핏줄 어딘가에 '원천'으로 샘솟고 있었다. 그런 마음은 그녀의 시에도 흘러들었다. 절제된 감정과 말끔한 문체 안에 온기가 서리고 깊은 정이 살았다. 나는 시를 쓰는 동무이자 그런 김길녀 시인의 시를 좋아하는 독자이기도 했다.

2013년 발간한 세 번째 시집 『푸른 징조』 이후 7년 만에 김길녀 시인이 준비하는 네 번째 시집 속 시들을 들여다본다. 김길녀 시인은 세 번째 시집이 나올 무렵 인도네시아로 떠났다. 그리고 이번 시집에 인도네시아 시편들을 상당수 담겨 있다. 그녀는 그곳에 머무는 2년여 동안 자신이 만난 이국의 풍경과 사람과 정취를 시로 담은 것이다. 김길녀 시인을 통해 만나는 인도네시아 시편을 통해 그녀가 그곳에서도 얼마나 정성껏 세상과 삶을 대하며 시인으로 살았는지 알 수 있었다. 그러나 인도네시아에서 쓴 시들을 예외로 하면 분위기는 심상치 않다. 쉰 중반을 넘어가는 나만의 느낌일까? 마치 세상의 순례를 마치고 자꾸 어딘가로 돌아가려는 사람의 눈처럼 서글프게 깊고 공허한 시선이 눈을 끈다. 시집 곳곳에 출몰하는 '폐가' '허물어진 옛 집터' '돌아가신 엄마' '묘지' '무덤' 이런 단어들은 예사로 읽히지 않는다.

예컨대 「지워지는 집」이나 「누구신가,」, 「가을을 맞이하는 자세」, 「마지막 목련제」, 「관찰자 시점」 등에서는 '이미 여기 없는 집'들이 나오고 있는데, 이는 그가 나고 자란 "구름마을이라 부르고 싶은 골짜기 끝자락/빨강 고무대야에 이슬 받아"(「낙운재(樂雲齋)」) 놓은 고향, 혹은 고향에 있던 옛집 혹은 집터들과 자꾸 포개진다. 그리고 그것은 다시 "지금도 엄마 숨결 남아 있는 항아리들/저쪽 별에서 이쪽 별 바라보는 엄마 얼굴"(「가을을 맞이하는 자세」), "이쪽 별에서 저쪽 별로/긴 여행 떠나시는/어여쁜 내 엄마 (-중략-) /옥양목 저고리 끝/흰 손바닥에 꾹꾹 눌러 쓴 네 글자//그날 이후, 매일매일/나의 신전에 바치는 헌사"(「현모양처」), "나무의 마지막은 어느 집/뜨락일지 매우 궁금한 산책자//이별식 앞둔 목련 아래서/처음, 홀로 올리는 붉은 술 한잔//지금껏,/버리지 못한 엄마의 보물상자/열어보는 내 그림자는 얼핏/그늘을 다녀간다"(「마지막 목련제」)처럼 '돌아가신 엄마'와 자연스럽게 연결되고 있다. 여기에 "마지막"이나 "이별식" "그늘" 같은 시어들이 합쳐지면, 그 '그리움의 밀도'는 짙어지고 '슬픔의 강도'는 넓어지면서 이번 시집의 분위기를 '조용한 아픔' 속으로 이끈다.

여기에 더해 "눈 쌓인 공동묘지/작은 무덤가에/줄긋다만 문장들만 하얀/책 한 권 비석으로 남겨지고"의 「책도둑 다락방에서 만난 유령의 자서전」, "오래된 풍경은 지워진 채/불시착한 꽃무덤 지천이다"의 「기우뚱, - 희인에게」, 「만첩홍도」 등의 시편에서는 '묘지' 혹은 '무덤' '비석'이 직접 언급되거나 이와 유사한 이미지들로 그려지는데, 특히 「만첩홍도」의 뜨겁다 못해 따갑고 아린 심사는 그 출처가 어딘지 헤아릴 길이 없다. 그러나 우리가 늘 잊고 살지만, 사실 생이란 것은 모두가 "슬픔을 먹고 자라난 기둥에 스민/시간의 심줄"을 견디는 일이며, 인간은 이미 운명적으로 '유한한 존재'임을 상기한다면 이 시는 잔잔한 '환기'일지도 모른다. 그러함에도 「만첩홍도」는 붉어도 너무 붉다. "열흘은 너무 길다/딱,/사흘만/내 남자로/머물다 가라"는 간절함과 절절함과 초조감이 서로 섞여 '검붉은 무늬'를 만들어내고 있는데, 그녀는 어느 바닥까지 내려가서 이 문장을 업고 다시 올라왔을까?

겹겹이 쌓은 붉은 문장

열흘은 너무 길다
딱,
사흘만
내 남자로
머물다 가시라

—「만첩홍도」 전문

이번 시집은 곳곳이 절경(絶境)이어서 발길을 쉽게 돌리지 못하게 하는데, 그중에서도 「지워지는 집」 앞에서는 특히 더 오래 머물게 된다. 이 시 역시 앞의 시들과 비슷한 색감을 지니고 있지만, 그 애절함과 애틋함을 잘 다독여서 한 폭의 애이불비(哀而不悲)의 망부석을 그려놓고 있다.

어쩔 수 없이 버리고 간
귀하의 가을을 만나러 가는
시간은 하루 한번
아침이 시작되기 전입니다

삐걱거리는 통나무 대문

밀치고 들어가서 빈집의 지난밤
안부를 살피며 익어가는 모과
한 번쯤 만져보는 게 전부입니다

공가라는 노랑 종이 탄탄하게 붙은 돌담
저물녘 귀하가 서성거리던
꽃밭에는 지금 과꽃이 한창입니다
굴착기 큰 입으로 뜯어내기 전
노래 속 누이 찾듯이 어느 날
불쑥 하양 대문 밀치며 오시겠습니까

오래전 떠났던 여행길
이름 모를 신전 기둥에 기대어
들려주던 그 문장
그네에 앉아 들려주시겠습니까

한때는 몹시 애정하였으나
이제는 무심해져 버린 이름에게
다시 온기 건네고 싶은 간절함
불어오는 하루하루를 위해

귀하께선 첫눈이 내리기 전에 오시렵니까

—「지워지는 집」 전문

'나'에게 '그'는 "오래전 떠났던 여행길/이름 모를 신전 기둥에 기대어" 어떤 "문장"을 '나'에게 들려주던 각별한 사람이다. 그런데 '그'는 "어쩔 수 없"는 연유로 여기에 부재한다. 그런데 '그'에 대한 '나'의 그리움의 정한이 너무 깊을 걸 감안하면 '그'는 이 세상에 없는 사람일 가능성이 높다. 때문에, 이번에는 '내'가 "하루 한번/아침이 시작되기 전"에 "귀하의 가을을 만나러"가는 의식을 펼친다. '그'가 부재하기 때문에 '나'는 "빈집의 지난밤"의 "안부를 살피며" "익어가는 모과"를 "한 번쯤 만져보는 게 전부"이다. 그런데 그가 살던 그 공간에 가면 '그'의 모습이 늘 어른거린다. 지금은 가을, "저물녘 귀하가 서성거리던/꽃밭에는 지금 과꽃이 한창"이다. "그네에 앉아" 그때 다 못한 이야기를 들려달라고 하고 싶지만 그럴 수 없다. 사실은 그 이야기를 핑계로 '그'를 한 번만이라도 더 만나보고 싶은 것이다. '내'가 영영 당신을 잊어버리기 전에 "귀하께선 첫눈이 내리기 전에 오시렵니까"라고 나직하게 묻지만, 그럼에도 당신을 영영 잊어버리지 않기 위해 '나'는 모든 부정(不淨)한 것들이 활동하기 이전인 새벽에 당신을 만나러 가는 의식을 반복한다.

이렇듯 「지워지는 집」에서는 모든 것이 '그대'와 연결되어 있다. 비록 그곳이 이제는 "굴착기"에 의해 "공가"가 되었다 할지라도 '나'의 기억까지 공백으로 남진 않는다. 여전히 '나'의 기억 속에는 "모과나무"와 "돌담"과 "그네"와 '그'가 한 화면 속에 모여 있다.

그런데 새삼 되짚어보면 이런 그리움조차 어떤 '환기'와 연관되어 있다. 「지워지는 집」은 「마지막 목련제」의 엄마와 「묘지 박물관」과 겹쳐지면서 '나'로 하여금 그를 호명하게 한다. 그리고 이 그리움의 호명은 결국 자신이 자신을 달래는 진언이기도 하고 위로이기도 하고 속울음이기도 하다. 그것은 '이제 여기에 없는 그'에게 살아 있는 '내'가 바치는 최대치의 '제의'이자 '그'와의 소통의 한 방식이라고 할 수 있다.

다시, 푸른 징조

그럼에도 김길녀 시인의 우심실은 여전히 열정 덩어리이다. 이번 시집에서 가장 '김길녀다운' 시이자 보들레르에게 바치는 헌사(獻辭)이기도 한 「보들레르와 함께 포도주를 마시는 저녁」은 강렬한 색조가 분위기를 압도하면서도 미문(美文)의 형태를 잘 유지하고 있는 백미다. 이 시는 일단 "적도"의 "붉게 타오르"는 석양으로 장엄하다. 그 장엄함은 "폐허의 사원에서 뜨거운 햇볕 받아 푸르게 푸르게 피어나"면서 바다에서 육지로 발화점은 넓어지고 강렬함은 더해진다. 그리하여 "일만 칠천 개 섬 곳곳에서 핏빛과 분홍 더러는 황금빛 햇살 부스러기로 쓰러지며 먼바다 심해"를 물들인다. 자신이 만약 다시 태어날 수 있다면 "당신의 하룻밤 애인이 되어 외딴섬 빈집에서 밤을 새우며 밤새도록 술잔을 나누다 아침을 맞이하고 싶다"는 당당한 고백을 스스럼없이 한다.

제목 없는 당신의 시를 신에게 바치는 기도처럼 읽고 있는 오후라오

인도양 물결무늬 흘러드는 순다해협에서 맞이하는 적도의 저물녘은 붉게 타오르다가 맹그로브 나무 숲으로 천천히 가라앉고 있소

미처 살아내지 못한 생의 행간이 있다면 낯선 땅에서 보내는 긴 휴가 속에서 기꺼이, 다시 시작해 볼까 싶다오

시대를 앞서갔던 당신의 문장들은 검은 꽃병에 꽂혀 대문 없는 폐허의 사원에서 뜨거운 햇볕 받아 푸르게 푸르게 피어나고 있다오

당신이 각혈하듯이 쏟아내던 검붉은 꽃의 노래는 지금, 여기의 일만 칠천 개 섬 곳곳에서 핏빛과 분홍 더러는 황금빛 햇살 부스러기로 쓰러지며 먼바다 심해로 빠

져들고 있소

권태와 우울과 불안의 나날이 창녀들의 춤과 노래와 죽음, 바다와 수부들과 부랑자들, 태양과 슬픔의 냄새와 뒤엉켜 당신이 남기고 간 시들의 묘지에서 오래된 돌담에 핀 이끼처럼 여전히 잘 자라고 있다오

이곳은 천둥과 번개와 함께 소낙비가 자주 내리는 곳이라오

처음엔 낯설던 천둥의 신 덴무도 건기인 지금은 기다려지기까지 한다오

당신을 처음 만났던 이십 대, 그 시절에는 그저 이별의 아픔에 젖어서 겨울밤을 지새우며 하얗게 울기만 했다오

나로부터의 자유가 두려웠던 그때는, 당신이 품은 바다를 찾지도 볼 수도 없었음을 이제야 고백하고 싶소

다시, 바다가 지천인 이곳에서 만나는 당신은 내가 살고 싶은 외딴섬의 나날 속에 사는 듯하여 마냥 부럽기만 하다오

당신이 건네주는 마지막 유리잔 안에 그득한 취기는

영혼을 저당 잡힌 유령의 입맞춤처럼 뜨겁고 달콤하오

당신의 시 「아름다운 배」에 나오는 포동포동 굵은 목과 통통한 그녀처럼 감미롭고 나른하고 느린 리듬을 타며, 조용조용 그러나 의기양양하게 난바다로 떠나고 싶소

훗날, 또다시 당신을 만나는 시절이 오면 당신의 하룻밤 애인이 되어 외딴섬 빈집에서 밤을 새우며 밤새도록 술잔을 나누다 아침을 맞이하고 싶다오

지금은 당신이 좋아하던 신전의 오래된 정원 작은 방, 녹슨 창문으로 스며드는 적도의 석양에 희미한 눈길 보내며 당신을 만날 어둠을 기다리고 있소

—「보들레르와 함께 포도주를 마시는 저녁」 전문

이번 시집에서 의미학적으로 주목하고 싶은 시는 「누구신가,」이다. '폐가'를 소재로 한 이 시의 배경은 아마도 김길녀 시인이 나고 자란 고향 동네거나 시인의 집, 혹은 유년에 형성된 어떤 원형적 기억과 깊게 연관된 듯하다. 그렇지 않다면 그 많은 사물 중에 유독 사과나무에 둘러싸여 있는 "밥과 사람 냄새 사라진 지 오랜 집터"나 "장작더미에 덮여 있던 가계의 내력/지쳐가는 돌담과 고양이가 지나간 길"과 같은 것에 시인의 눈이 오래 머물러 있을 일

이 없을 터.

그러나 이 시에서 더욱 중요한 점은 어떤 이는 "떠나기 위해서는/여기가 필요"했고, 시인 또한 "듣고 싶은 말보다 하고 싶은 말/이 많"은 외로움에 여기를 서성거리지만, 저 오랜 '서성'과 '쓸쓸함' 끝에 "나무에 핀 꽃잎들 희"고 "언덕배기 사과나무들/붉은 꽃눈 피워내고 있다"는 '새로운 발견'을 하고 있다는 점이다. 이 경우 "사과나무"는 '나의 외로움'을 치유해주는 일차적 기능을 하지만, 그것을 넘어서서 우리가 '폐가'라고 여겼던 '집터'가 "누구도 그들이 그곳에서 살았다고 말하지 않는" '소외'와 '무관심' 속에서도 여전히 강한 생명력을 이어나가는 '생가'로 복원되고 있다는 점이다. 사과나무가 멀쩡하게 살아서 해마다 꽃을 피우는 그곳을 무슨 근거로 '집터' 혹은 '폐가'라고 말할 수 있겠는가? 인간 중심적 관점을 버린다면, 이 시에서의 사과 "꽃"은 그 터에 살았던 가족과 그들의 일상들이 어딘가에 스며들어서 피어난, 계승된 상징물로서 여전히 '그 집'인 것이다. 시인은 이 놀라운 일을 목격하고 그것을 가능케 한 대상을 "누구신가,"라고 되묻고 있다. 이적(異蹟)에 가까운 그 일을 주관하시는 그분은 과연 누구실까? 우리가 흔히 말하는 특정 종교의 그 '神'일까, 아니면 인간이 상상조차 할 수 없는 어떤 거대한 '우주의 법칙'일까?

듣고 싶은 말보다 하고 싶은 말

더 많았던 한때의 어떤 이
물그림자처럼 천변을 걷고 있다

밥과 사람 냄새 사라진 지 오랜 집터
나무에 핀 꽃잎들 희다

사랑채 있던 자리
어젯밤 봄비에 드러나는 사과나무
장작더미에 덮여 있던 가계의 내력
지쳐가는 돌담과
고양이가 지나간 길
빗물에 섞여 떠나간 것들
흘러가는 중이다

떠나기 위해서는
여기가 필요했겠다
빈터에서 부르는 오월의 노래
언덕배기 사과나무들
붉은 꽃눈 피워내고 있다

누구도 그들이 그곳에서 살았다고 말하지 않는다

—「누구신가」 전문

'폐가'에서 '생가'를 건져 올리는 김길녀 시인의 안목은 이번 시집 곳곳에서 나타나는데 가령 "그럼에도 사랑은 더 푸르게 폐허에서 자라났다."(「손수건 한 장의 대서사시」)거나 "지쳐가는 것들은 모두/조용히 날개를 펼친다//가볍지 않은 고요가 쌓인다"(「자작나무 상자에 스민 그믐밤 달빛」) 같은 문장이 그러하다.

김길녀 시인은 여기서 한발 더 나아가 "지금은,/누군가 지독하게 아프다는 편지를 받고/긴 겨울 안에서 함박눈처럼 쏟아지는/신의 영혼을 가득 품은 연두와 함께/절박한 기도가 담긴 초록 오로라를/기다리며"(「지금,」)나 「이국에서 만난 사람」에서는 「누구신가,」와 마찬가지로 절대자의 역할을 하는 "노파"를 호출한다. 그런데 이런 인식의 전환이 중요한 점은 앞서 살펴본 '잔잔한 파문'과 '환기' 이후를 대체할 '다시, 푸른 징조'와 직결되어 있기 때문이다. 그런 점에서 「이국에서 만난 사람」은 김길녀 시인의 생사관의 중요한 단초를 제공한다.

> 기록도 없이 사라진 마을에 대해 말하던
> 노파가 있었다
> 노파는 마치 오래전 떠난 나의 누이가
> 아닐까, 라는 생각을 잠시 했다
> 노파가 기억하는 가족사에 대한 일이라고는
> 바람이 푸근했던 골목길과 뚱뚱한 나무 한 그루

있던 기와집 넓은 마당이었다
노파의 눈빛은 오래전 죽음을 경험한
사람을 닮아 있었다
누구도 기억하지 못하는 마을 이야기는
노파의 입을 통해서만 전해진다고 했다
처음 간 나라에서 처음 만난 노파
죽은 나의 누이와 눈빛이 닮아 있었다
노파가 들려주던 이야기는 내 전생의 어느
한 시절이 아니었을까,
낯선 나라 낯선 도시에서 낯선 노파와
이야기를 나누던 식물원 산책길
12월 우기 속에서 주황 꽃송이
주렁주렁 피어 있었다
잠시,
따스한 바람이 내 곁을 스치고
갔음을 알았을 땐
한바탕 소나기가 다녀간 후였다

—「이국에서 만난 사람」 전문

「이국에서 만난 사람」에서 김길녀 시인은 "기록도 없이 사라진 마을"의 비의(秘意)를 알고 있는 "노파"를 만난다. 그리고 그 "노파"가 말하는 공간 역시 "기와집 넓은 마당"이 아니었을까 추측해본다. 이국의 "노파"와 그 "노파"

가 살았던 공간이 갑자기 익숙한 삼척 산골 마을, 시인 자신의 집과 닮아도 너무 닮았다. 더군다나 "처음 간 나라에서 처음 만난 노파/죽은 나의 누이와 눈빛이 닮아 있었다"라는 진술 끝에 '나'는 "노파"에게서 나의 "전생"까지 보고야 만다. 그때의 내 기분은 이질감이 아니라 "따스한 바람이 내 곁을 스치"는 동질감이다. 그리고 이런 환몽(幻夢)의 시간이 지나자 나도 모르는 사이에 "소나기"가 다녀갔다.

김길녀 시인은 생(生)은 사(死)로, 사는 생으로 이어진다고 본다. 그 세계에서는 국경도 없고 피부색의 구분도 없다. 그리고 이것을 가능케 하는 중요한 매개로 "소나기"를 말한다. 이 "소나기"는 온 줄도 간 줄도 모르는 상태에서 내리는 "소나기"이다. 예컨대 「누구신가,」에서 "사과나무"에 "흰 꽃"을 피움으로써 "폐가"를 '생가'로 이어주던 '그분'이 「이국에서 만난 사람」에서는 "소나기"일 수도 있는 것이다.

이런 인과(因果)적 생사관은 수천 년을 내려온 불교적 관점이라고 할 수 있는데, 최근에는 양자역학에 의해 과학적으로도 입증이 되고 있다는 점은 흥미롭다. 양자역학에 의하면 '존재'는 원자로 나누어지고, 그 원자를 다시 나누고 나누면 눈에 보이지 않는 파동의 형태로 존재한다고 한다. 즉, 불교에서 말하는 '空'인 것이다. 그런데 이 파동들이 다시 모이면 삼라만상의 개별적 존재들로 나타난다고 한다. 즉, '色'의 세계가 되는 것이다. 존재는 이렇게 만남과 헤어짐을 반복하는 것이 우주의 질서인데, 유독 인간만이 그 흩어짐을 '죽음'이라는 부른다. 그런데 실상 그것은 인간의 관점에서 인간의 모습이 사라지는 것일 뿐, 여전히 이 대우주 속에서 하나의 파동으로 존재하면서 끝없이 다른 사물들과 만나고 헤어지면서 새롭게 생성, 탄생한다는 것이다. 그렇게 본다면 「누구신가,」에서 나타난 "어떤 이", "사과나무", "봄비", "고양이", "사랑채" 심지어 "밥과 사람 냄새"조차 '분리된 존재'가 아니라 끊임없이 상통하는 하나의 '유기체'라 할 수 있다.

그녀는 여전히 "적도"의 "석양"을 불러내고 그 붉은 빛으로 하여금 "일만 칠천 개 섬 곳곳에서 핏빛과 분홍 더러는 황금빛 햇살 부스러기로 쓰러지며 먼바다 심해"를 물들이면서 「보들레르와 함께 포도주를 마시는 저녁」이라는 절창을 빚어낸다. 그런 저력을 뒷심 삼아 "그럼에도 사랑은 더 푸르게 폐허에서 자라났다."(「손수건 한 장의 대서사시」)거나 "지쳐가는 것들은 모두/조용히 날개를 펼친다"(「자작나무 상자에 스민 그믐밤 달빛」)와 같은 숙성된 의식을 보여준다. 마침내는 '다시, 푸른 징조'로의 전환이라는 인식의 깊이를 보여준다. '폐허'에서 "나무에 핀" "흰 꽃잎"을 발견하는 안목을 통해 그 '폐허'를 활물의 현장으로 되살려 놓기도 하고 「이국에서 만난 사람」을 통해 생(生)은 사(死)로, 사는 생으로 이어진다는 〈다시, 푸른 징조〉를 재현한다.

그녀나 나나 쉰 중반을 넘어 부지런히 이순을 향하는 나이다. 영동선을 타고 떠난 마음의 고향으로 슬금슬금 눈길이나 주다가 "닮아서 속마저 비우는 시절"이 올 때까지 '좋은 시'나 몇 편 더 쓰다가 사라지는 것이 소망일 터. 그녀의 시 속 말처럼 그때 "못다 부른 노래는/남겨 두고 떠나도 좋지 않을까," 누군가 앉았던 자리에서 일어날 때, 그 자리는 새 자리가 되고 새로운 생명들로 새로운 이야기들이 영원히 이어지리니.

애 지 시 선

002 붉디 붉은 호랑이 장석주 시집
003 붉은 사하라 김수우 시집
004 자전거 도둑 신현정 시집
005 정비공장 장미꽃 엄재국 시집
006 기차를 놓치다 손세실리아 시집
007 바람의 목례 김수열 시집
008 그리운 연어 박이화 시집
009 뜨거운 발 함순례 시집
010 정오의 순례 이기철 시집
011 그 남자의 손 정낙추 시집
012 즐거운 세탁 박영희 시집
013 구룡포로 간다 권선희 시집
014 좋은 날에 우는 사람 조재도 시집
015 여수의 잠 김열 시집
016 축제 김해자 시집
017 뜻밖에 박제영 시집
018 꽃들이 딸꾹 신정민 시집
019 안개부족 박미라 시집
020 아배 생각 안상학 시집
021 검은 꽃밭 윤은경 시집
022 숲에 들다 박두규 시집
023 물가죽 북 문신 시집
024 마늘 촛불 복효근 시집
025 어처구니 사랑 조동례 시집
026 소주 한 잔 차승호 시집
027 기찬 날 표성배 시집
028 물집 정군칠 시집
029 간절한 문장 서영식 시집
030 고장 난 아침 박남희 시집
031 하루만 더 고증식 시집
032 몸꽃 이종암 시집
033 허공에 지은 집 권정우 시집
034 수작 김나영 시집
035 나는 열 개의 눈동자를 가졌다 손병걸 시집
036 별을 의심하다 오인태 시집
037 생강 발가락 권덕하 시집
038 피의 고현학 이민호 시집
039 사람의 무늬 박일만 시집
040 기울어짐에 대하여 문숙 시집
041 노끈 이성목 시집
042 지독한 초록 권자미 시집
043 비데의 꿈은 분수다 정덕재 시집
044 글러브 중독자 마경덕 시집
045 허공의 깊이 한양명 시집
046 둥근 진동 조성국 시집
047 푸른 징조 김길녀 시집
048 지는 싸움 박일환 시집
049 아무나 회사원, 그밖에 여러분 유현아 시집